Kleine grüne Daumen: Gärtnern und Basteln mit Kindern

Illustriert von Aitch
Erzählt von Claire Philip

Konzeption, Redaktion und Design von Kleine Gestalten.

Herausgegeben von Robert Klanten und Fay Evans

Übersetzung aus dem Englischen von Andreas Bredenfeld

Layout: Joana Sobral

Schriften: Malaussène Translation von Laure Afchain, Berg von Andreas Johansen

Druck: Grafisches Zentrum Cuno GmbH & Co KG, Calbe (Saale)
Hergestellt in Deutschland

Erschienen bei Kleine Gestalten, Berlin, 2023
ISBN 978-3-96704-714-1

Die englische Ausgabe ist unter der
ISBN 978-3-96704-715-8 erhältlich



Weitere Informationen und Buchbestellungen unter: www.kleine.gestalten.com

Bibliografische Information der Deutschen Nationalbibliothek. Die Deutsche
Nationalbibliothek verzeichnet diese Publikation in der Deutschen Nationalbibliografie;
detaillierte bibliografische Daten sind im Internet über www.dnb.de abrufbar.

Dieses Buch wurde auf FSC®-zertifiziertem Papier gedruckt.

FSC www.fsc.org
MIX
Papier aus verantwortungsvollen Quellen
FSC® C043106

# Kleine grüne Daumen

## Gärtnern und Basteln mit Kindern

KLEINE GESTALTEN

Du interessierst dich für's Gärtnern, aber du weißt nicht, wie du anfangen sollst? Denkst du vielleicht sogar, Pflanzen großzuziehen sei wahnsinnig schwierig? Dann sei beruhigt, denn es ist eigentlich ganz leicht!

In diesem Buch findest du viele Ideen und Tipps, die dir den Einstieg in das Gärtnern erleichtern und die Wunder der Natur näherbringen. Wenn du das Buch aufmerksam durchliest und die Ideen ausprobierst, lernst du eine Menge über das geheimnisvolle Leben der Pflanzen. Du brauchst nicht mal viel Platz, um eine Pflanze heranzuziehen. Schon ein Fensterbrett kann ausreichen. Auf den folgenden Seiten findet sich für jeden Geschmack etwas – von Setzlingen im Eierkarton bis hin zum eigenen kleinen Naturpfad!

Falls du noch nicht sicher bist, ob Gärtnern wirklich das Richtige für dich ist, dann sind hier ein paar gute Gründe dafür: Beim Gärtnern kannst du kreativ sein und mit den eigenen Händen etwas Neues schaffen. Und alles, was du entdeckst, entstehen lässt und lernst, kannst du mit deiner Familie und deinen Freundinnen und Freunden teilen. Wenn du dich mit der Natur beschäftigst, lernst du auch Dinge und Fähigkeiten, die dir anderswo nochmal nützlich sein können. Doch das Wichtigste ist: Es macht einfach einen Riesenspaß!

## Also, los geht's!

# Ein Windspiel für draußen

## Du brauchst

Muscheln
Perlen
Knöpfe
Tannenzapfen
Pinsel
ausgediente Schlüssel
Farbe
Stöckchen
Schere
Metall-Kleiderbügel
Bindfaden

Ein selbstgebasteltes Windspiel ist ein echter Hingucker im Garten! Es ist leicht zu basteln und du kannst Dinge verwenden, die sonst vielleicht weggeworfen werden, oder Gegenstände aus der Natur, die du am Wegesrand findest.

**1**

Schneide sechs bis acht gleich lange Stücke Bindfaden ab und binde sie in gleichem Abstand an der Unterseite deines Kleiderbügels fest.

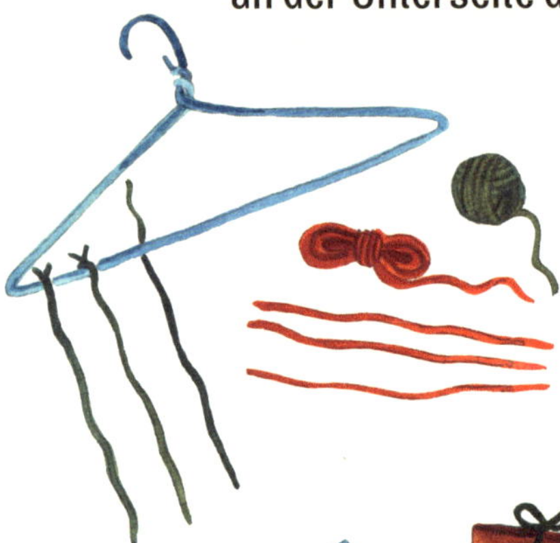

*Tipp: Wenn du keinen Kleiderbügel zur Hand hast, tut es auch ein Stock und ein Stück Bindfaden zum Aufhängen.*

**2**

Überlege dir, welche kleinen Gegenstände du gebrauchen könntest, und fädle oder binde sie an die Bindfäden. Wenn du Dinge vor dem Aufhängen bemalst, warte vor dem Anbinden, bis sie trocken sind.

**3**

Du kannst für dein Windspiel Gegenstände aus der Natur verwenden wie Tannenzapfen, Zweige und Muscheln oder Dinge von zu Hause wie Perlen und Knöpfe - was immer dir am besten gefällt.

**4**

Ausgediente alte Schlüssel eignen sich super, um die Fäden deines Windspiels zu beschweren, weil sie so schön klimpern, wenn sie im Wind aneinanderstoßen. Kling, kling!

5

Suche dir draußen eine Stelle aus, an der etwas Wind weht, und hänge dort dein Windspiel auf. Nun kannst du dich an den beruhigenden Klängen erfreuen, die dein Windspiel erzeugt.

# Tierisch lustige Grasköpfe

Diese einfache Idee ist schnell umgesetzt und macht großen Spaß! Die Grassamen brauchen ungefähr eine Woche, bis sie zu wachsen anfangen.

## Du brauchst

- Komposterde
- eine alte Strumpfhose (eine reicht für zwei Grasköpfe)
- Grassamen
- Schere
- Bastelaugen
- Lineal
- PVA-Bastelkleber
- Joghurtbecher oder kleine Einmachgläser
- farbige Pappe

**1**

Schneide die Fußteile der Strumpfhose ungefähr 30 Zentimeter oberhalb des Zehenendes ab.

*Tipp: Jeder Kopf sollte ungefähr so groß sein wie ein Tennisball.*

**2**

Fülle in beide Zehenteile jeweils zwei Esslöffel Grassamen und anschließend ein oder zwei Handvoll Erde oder Kompost. Binde die Strumpfhosenteile mit einem festen Knoten zu.

**3**

Gestalte deine Grasköpfe nach Lust und Laune mit farbiger Pappe und Bastelaugen. Hier siehst du ein paar Anregungen.

4

Fülle die Joghurtbecher oder Einmachgläser zur Hälfte mit Wasser und setze die Grasköpfe oben drauf. Die zusammengebundenen Enden der Strumpfhose sollten im Wasser baumeln.

5

Stelle deine Grasköpfe auf ein Fensterbrett, das viel Sonnenlicht abbekommt, und beobachte, wie das Gras wächst.

6

Wenn das Gras sehr lang wird, verpasse deinen Grasköpfen einen Haarschnitt!

# Eine Blumenkrone basteln

Aus Blütenblättern, Gräsern und abgefallenen Blättern kannst du dir eine wunderschöne Krone zaubern!

## Du brauchst

- Federn und andere Deko
- Zweige
- Schere
- Maßband
- doppelseitiges Klebeband oder Kleber
- Karton für einen Stirnreif
- abgefallene Blätter, die du im Garten oder in der Natur findest
- Blüten oder Blütenblätter
- lange Gräser oder Farnblätter

*Tipp: Überlege dir zuerst, wie dein Kranz aussehen soll, bevor du dich an die Arbeit machst. Soll er nur aus Blättern bestehen? Oder soll eine große Blüte an der Stirn prangen?*

*Pflücke Blumen nicht einfach so, sondern frage immer vorher, ob du auch darfst.*

**1** Miss mit dem Maßband deinen Kopfumfang. Dann schneide dir aus einem Stück Karton den Stirnreif zurecht: Er sollte ein paar Zentimeter länger sein als dein Kopfumfang, damit die Enden überlappen können, und etwa fünf Zentimeter breit.

**2** Klebe doppelseitiges Klebeband über die gesamte Länge der Vorderseite von deinem Stirnreif. Wenn du kein doppelseitiges Klebeband hast, dann lege dir eine Tube Kleber zurecht.

**3** Jetzt geht es ans Sammeln! Für einen reich bestückten Kranz brauchst du eine Menge Fundstücke.

**4** Ziehe den Schutzfilm des doppelseitiges Klebebands ab oder tropfe kleine Punkte Kleber auf deinen Stirnreif. Klebe dann vorsichtig Blüten, Blätter und was du sonst noch magst, darauf.

**5** Wenn du fertig bist, klebe die Enden des Papp-Stirnreifs zusammen. Jetzt kannst du dir deine Krone aufsetzen!

# Dein Garten-Lichtbild

Aus Dingen, die du in der Natur findest, kannst du tolle Fensterdeko und Lichtbilder basteln!

## Du brauchst

- eine Lichtbox oder ein Fenster, das viel Sonnenlicht abbekommt
- farbiges Klebeband
- wiederverwendbare Klebestreifen
- Schere
- selbstklebende Buchschutzfolie
- Gräser
- Blütenblätter oder Blüten
- Blätter
- Federn

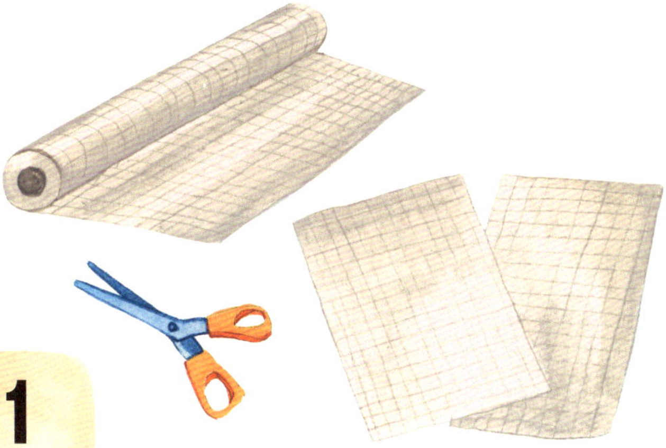

1

Schneide aus der Buchschutzfolie zwei etwa DIN A4 große Stücke zurecht. Lass dir von einem Erwachsenen beim Ausschneiden helfen.

2

Lege eines der beiden Folienstücke mit der Klebeseite nach oben vor dich auf einen Tisch und befestige die Ecken, damit sie nicht verrutschen.

3

Ziehe vorsichtig das Abdeckpapier ab. Jetzt kannst du deine Garten-Objekte auf der klebenden Folie anordnen.

*Tipp: Drücke die Blätter oder Blüten möglichst flach an.*

4

Ziehe vom zweiten Stück Buchschutzfolie das Abdeckpapier ab und lege es vorsichtig auf das erste Stück auf. Dein Natur-Folienbild ist schon fast fertig.

5

Jetzt kannst du mit dem farbigen Klebeband dein Folienbild rundherum mit einem Rahmen versehen.

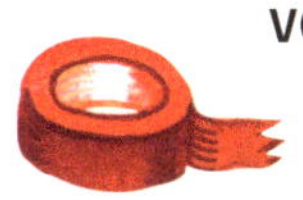

6

Befestige das Lichtbild an einer Leuchtbox oder an einem Fenster mit viel Sonne und staune, wie schön die Muster in den Blättern und Blüten aussehen, wenn sie vom Licht durchleuchtet werden!

# Ein buntes Zwergendorf

Lass ein kleines Zwergendorf aus selbst bemalten Steinen entstehen!

## Du brauchst

- Steine oder Kiesel
- Bleistift
- Acrylfarbstifte oder Acrylfarben und dünne Pinsel
- Klarlack-Spray

**1**

**Sammle im Garten oder beim Waldspaziergang unterschiedlich große Steine. Es ist egal, ob sie rau oder glatt sind – die Oberfläche muss nur einigermaßen eben sein.**

*Tipp: Achte beim Sammeln auf die Form der Steine. Vielleicht findest du ja welche, die wie ein Haus oder ein Bus aussehen?*

**2**

**Reinige die Steine gründlich mit Wasser und lass sie trocknen, bevor du beginnst.**

**3**

Zeichne mit dem Bleistift Umrisse von Gebäuden und Fahrzeugen auf die Steine und verwandle sie so in Wohnhäuser, eine Schule, eine Bushaltestelle, Autos, Lastwagen, Fahrräder, Polizeiwache, Post, Lebensmittelladen, Ampeln oder auch ein Café!

**4**

Male mit deinen Acrylfarben die vorgezeichneten Umrisse aus. Wenn die Farben getrocknet sind, besprühe jeden Stein mit Klarlack. Dadurch werden die Farben wasserbeständig.

**5**

Wenn der Lack trocken ist, kannst du deine bemalten Steine zu einem Dorf zusammensetzen. Mit kleineren Steinen oder Stöckchen kannst du auch noch Straßen legen.

# Jahreszeiten im Garten

## Grüner Frühling

Nach einem langen Winter hält der Frühling Einzug. Die ersten Frühblüher sprießen und das Wetter wird allmählich wärmer. Jetzt ist ein guter Zeitpunkt, Unkraut zu jäten. Am leichtesten geht das kurz nach einem Regen, wenn der Boden weich ist. Um den Pflanzen etwas Gutes zu tun, kannst du den Boden mit nährstoffreichem Kompost anreichern.

Das Frühjahr ist die beste Zeit, um Gemüse zu säen, beispielsweise Rote Bete, Karotten, Frühlingszwiebeln, Kopfsalat und Radieschen. Wenn du nicht viel Platz hast, kannst du auch einen Hängekorb bepflanzen.

## Warmer Sommer

In den warmen Monaten haben Pflanzen den größten Durst. Am besten gießt du sie am Morgen oder am Abend mit einer Gießkanne. Wenn du tagsüber gießt, lässt die Hitze einen großen Teil des Wassers sofort verdunsten.

Der Sommer ist die schönste Zeit im Garten! Die Tage sind lang und du kannst leckeres Obst und Gemüse ernten. Bienen und Schmetterlinge tanzen durch die Lüfte und bunte Blumen wollen bewundert werden. Welke Blüten schneidest du am besten ab – das nennt man „Blumen ausputzen“.

Welche Jahreszeit ist gerade bei dir?

Bevor du einen Laubhaufen wegräumst, schau nach, ob sich nicht Kröten oder Igel darin verstecken – vielleicht haben sie sich für ihren Winterschlaf dort schon ein Bett eingerichtet!

## Bunter Herbst

Wenn die ersten Blätter von den Bäumen fallen und das Wetter allmählich kühler wird, merken wir: Der Herbst ist da. Das ist die ideale Zeit, um das Obst und Gemüse zu ernten, das noch im Garten ist, und um Tieren bei den Wintervorbereitungen zu helfen. Du kannst für die Vögel ein Häuschen aufhängen oder Reisigbündel als Winterquartiere für die Insekten auslegen.

## Eisiger Winter

Der Winter ist die stillste und kälteste Jahreszeit im Garten. Trotzdem gibt es auch dann Dinge zu tun – zum Beispiel kannst du dir überlegen, was du im nächsten Jahr anpflanzen möchtest. Auch Tiere und Pflanzen im Garten können in den kalten Monaten jede Hilfe gebrauchen. Vögel freuen sich, wenn du ihnen in eisigen Zeiten Körner hinstreust – vor allem dann, wenn in deinem Garten kaum mehr Beeren an Sträuchern hängen.

Hast du Gemüse angepflanzt, das im Winter reif wird – zum Beispiel Pastinaken, Lauch oder Winterkohl? Dann zieh dir etwas Warmes an, geh raus und ernte sie, bevor der erste Schnee fällt. Wenn du Himbeer- oder Brombeersträucher oder andere Beeren anpflanzen willst, ist dafür jetzt genau der richtige Zeitpunkt.

# Dein Pflanzentagebuch

Eine tolle Möglichkeit, mehr über Pflanzen zu lernen, geht so: Beobachte sie regelmäßig und notiere deine Beobachtungen in einem Pflanzentagebuch. Du wirst staunen, wie deine Pflanzen sich beim Wachsen verändern!

## Du brauchst

unlinierte DIN-A4-Blätter

Schnellhefter

Lineal

Bleistift

frisch gepflanzte Stangenbohnenpflanze

Klebeband

Buntstifte

**1**

Die Stangenbohne startet als winziges Samenkorn ins Leben. Nachdem du es eingepflanzt und gegossen hast, sprießt ein paar Tage später ein kleiner Spross aus der Erde. Das ist der Zeitpunkt für deinen ersten Tagebucheintrag. Nimm ein Blatt und zeichne den Spross ab. Schreibe das Datum dazu und die Größe von deinem Spross. Hefte die Zeichnung in deinen Hefter ein. Schon bald wirst du einen Stängel und Blätter zu sehen bekommen!

**2**

Zeichne alle paar Tage ein neues Bild auf ein neues Blatt und notiere immer die Größe deiner Pflanze und das Datum. So kannst du mitverfolgen, wie schnell die Pflanze wächst.

**3**

Nach etwa sechs Wochen kommen kleine Blüten zum Vorschein. Die musst du auf jeden Fall auch zeichnen!

4

Irgendwann erscheinen die Bohnenschoten. Etwa drei Monate später sind sie reif, und du kannst sie ernten.

*Was winzig klein begann …*

*… wird am Ende ganz groß!*

*Tipp: Achte darauf, dass deine Pflanze viel Sonne abbekommt. Gieße sie regelmäßig, damit sie groß und stark wird.*

5

Wenn deine Pflanze ausgewachsen ist, klebe deine Zeichnungen alle nebeneinander - schon siehst du die Entwicklung wie im Zeitraffer!

# Namensschilder für deine Gartenpflanzen

## Du brauchst

- alte Holzlöffel oder Einweglöffel aus Holz
- Pinsel
- Klebeband
- schwarzer Permanent-Marker
- Acrylfarben
- Klarlack-Spray

Kleine Namensschilder sind super praktisch: Sie erinnern dich jederzeit daran, was du in deinem Garten wo wachsen lässt. Manchmal vergisst man nämlich, was man angepflanzt hat.

## 1

Nimm den ersten Holzlöffel zur Hand und umwickle die Mitte des Löffelgriffs mit einem kleinen Stück Klebeband.

## 2

Bemale die obere Hälfte des Löffels mit Acrylfarbe in einer Farbe, die du magst oder die zur Pflanze passt. Für Karotten ist zum Beispiel Orange eine super Idee. Dann lass die Farbe trocknen.

## 3

Schreibe mit dem Permanent-Marker den Namen der Pflanze, die du anbauen willst, auf die Rückseite des Löffels. Du kannst die Pflanze auch zeichnen.

## 4

Sprühe deine Löffelschilder mit dem Klarlack-Spray ein, damit sie wasserbeständig werden.

## 5

Bastle dir so viele Holzlöffelschilder, wie du brauchst, und stecke sie anschließend vor jeder Saatreihe in den Boden. Jetzt kannst du die vielen Jungpflanzen immer leicht auseinanderhalten!

# Ein Vogelhäuschen basteln

Vogelhäuschen – auch Nistkästen genannt – bieten den Vögeln einen sicheren Platz, an dem sie schlafen, ausruhen und ihre Küken aufziehen können.

*Vorsicht: Bitte Erwachsene um Hilfe, wenn du etwas ausschneiden möchtest.*

## Du brauchst

- einen großen Saft- oder Milchkarton
- Eisstiele aus Pappe oder Holz
- Schnur oder Bindfaden
- Bastelmesser
- Strohhalm oder Stöckchen
- Klarlack-Spray
- Acrylfarben
- Klebstoff
- Pinsel

1

Spüle den Milchkarton gründlich aus und lass ihn über Nacht trocknen.

2

Lege fest, wo vorne ist und bitte einen Erwachsenen, ein fünf Zentimeter großes Loch in den Karton zu schneiden. Tada, schon ist der Eingang fertig!

3

Setze einen Zentimeter unter den Eingang ein zweites, kleineres Loch für das Stöckchen. Dann stecke das Stöckchen hinein, damit Vögel einen Landeplatz bekommen.

4

Bitte einen Erwachsenen, am oberen Ende zwei kleine Löcher in den Karton zu stanzen. Dort kannst du den Faden durchfädeln, um dein Vogelhäuschen aufzuhängen.

5

Jetzt ist deine Kreativität gefragt: Dekoriere dein Vogelhäuschen! Verwende den Vögeln zuliebe nur ungiftige Farbe und Klebstoff. Während dein Kunstwerk trocknet, kannst du einen guten Ort zum Aufhängen suchen.

*Ist dein Vogelhäuschen fertig? Dann besprühe es mit Klarlack und lass es trocknen. Anschließend hänge es auf und beobachte, ob ein Vogel einzieht …*

# Vögel füttern

In den frostigen Wintermonaten finden Vögel oft nur wenig Nahrung. Viele Menschen legen deshalb Vogelfutter aus, damit die Vögel gut durch die kalte Jahreszeit kommen.

Hier sind zwei einfache Möglichkeiten, wie du Vögeln mit Futter durch den Winter hilfst:

## Brotspender

### Du brauchst

eine Scheibe Brot
Schnur
ungesalzene Erdnussbutter ohne Zucker
Vogelfutter
einen Zahnstocher
Schere

*Tipp: Mit Ausstechformen kannst du aus dem Brot coole Formen zaubern!*

**1**

Bestreiche die Brotscheibe großzügig mit Erdnussbutter und belege sie dicht mit Vogelfutter – das Futter sollte an der Erdnussbutter haften bleiben.

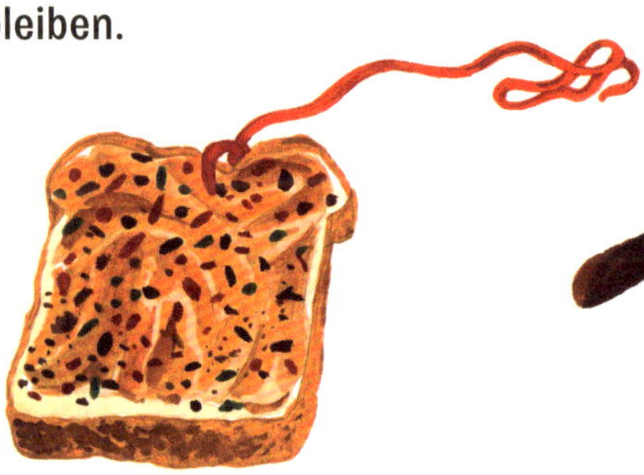

**2**

Bohre mit dem Zahnstocher ein Loch in die Brotscheibe, fädele eine Schnur durch das Loch und verknote sie.

**3**

Hänge die Brotscheibe an einer windgeschützten Stelle auf, an die die Vögel leicht herankommen!

# Tannenzapfenspender

## Du brauchst

Tannenzapfen
Schmalz
Vogelfutter
Schere
Schnur
Löffel

1

Binde ein Stück Schnur an jeden Tannenzapfen.

2

Verteile mit dem Löffel großzügig Schmalz auf den offenen Schuppen des Tannenzapfens. Drücke den Schmalz richtig in die Hohlräume hinein!

3

Wälze den Tannenzapfen in Vogelfutter, bis er vollständig damit bedeckt ist.

4

Hänge die Tannenzapfen für die Vögel auf und beobachte, wie sie die Körner wegknuspern.

*Damit die Vögel im Sommer nicht an deinen Pflanzen herumpicken, kannst du alte CDs mit Bindfaden an einen Stock aufhängen. Das blitzende Licht der Sonne schreckt Vögel ab!*

# Erdbeer-Pflanzbeutel

Wenn du draußen nicht viel Platz hast, kannst du Erdbeerpflanzen in einem Beutel heranziehen. Erdbeerpflanzen sind sehr pflegeleicht – und bringen Beeren manchmal bis in den Herbst hinein!

## Du brauchst

einen stabilen Mehrweg-Einkaufsbeutel aus Kunststoff

einen Platz mit viel Sonne

sechs Erdbeersetzlinge

Komposterde

*Reibe die Seiten des Beutels mit etwas Vaseline ein, das hält die Schnecken fern!*

**1**

**Bitte einen Erwachsenen, kleine, kreuzförmige Wasserauslässe in den Boden des Beutels zu schneiden. Außerdem muss auf jeder Seite in der Mitte ein jeweils fünf Zentimeter breiter Schlitz hinein.**

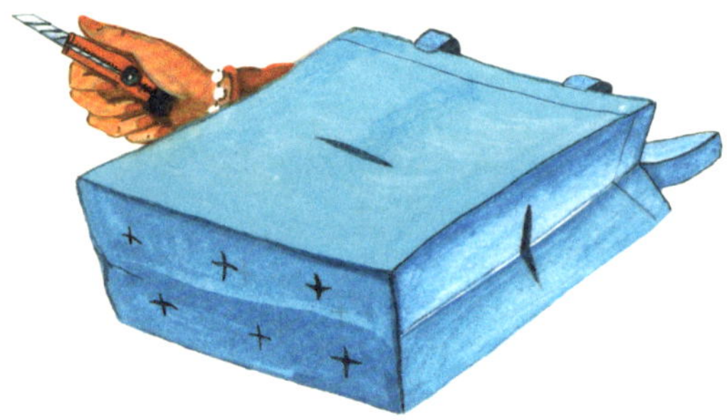

**2**

**Fülle den Beutel bis auf Höhe der Schlitze mit Komposterde auf. Setze dann vier Erdbeerpflänzchen in die Erde direkt an die Schlitze - ein Pflänzchen auf jede Seite. Fädle vorsichtig Blätter und Stengel durch den Schlitz nach außen, ohne sie zu beschädigen, und drücke den Wurzelstock sanft in die Erde.**

**3**

**Fülle den Rest des Beutels mit Komposterde auf und setze die anderen beiden Pflanzen oben in die Erde ein.**

## 4

Suche für deine Erdbeeren einen sonnigen und wettergeschützten Platz. Am besten stellst du sie etwas erhaben auf einer Kiste oder einem Tischchen auf, sodass die Pflanzen ringsrum herauswachsen können, ohne den Boden zu berühren. Gieße deine Pflanzen täglich, bis die Erde leicht feucht ist. Drehe den Beutel auch ab und zu, sodass alle Pflanzen etwas Sonne abbekommen.

## 5

Lass die Erdbeerpflanzen nun in Ruhe heranwachsen, denn gut Ding will Weile haben. Ernte deine Erdbeeren erst dann, wenn sie gut durchgereift und wirklich rundherum rot sind!

# Automatische Bewässerungsanlage

Hast du schonmal vergessen, deine Pflanzen zu gießen? Das kann jedem passieren! Mit dieser praktischen Bewässerungsidee aus wiederverwendeten Plastikflaschen sorgst du dafür, dass deine durstigen Pflanzen immer genug Wasser bekommen!

## Du brauchst

- eine leere Wasserflaschen aus Plastik
- Frischhaltefolie
- Gummi
- Nadel oder Sicherheitsnadel
- Schere

**1**

Gieße zuerst deine Pflanzen wie gewohnt, sodass der Boden ausreichend feucht ist. So saugt die Erde das Wasser später nicht zu schnell aus der Plastikflasche.

**2**

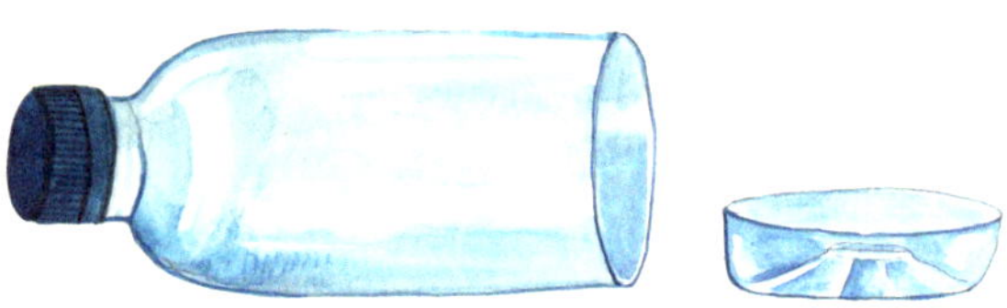

Nimm eine leere Plastikflasche zur Hand und schneide vorsichtig den Boden ab.

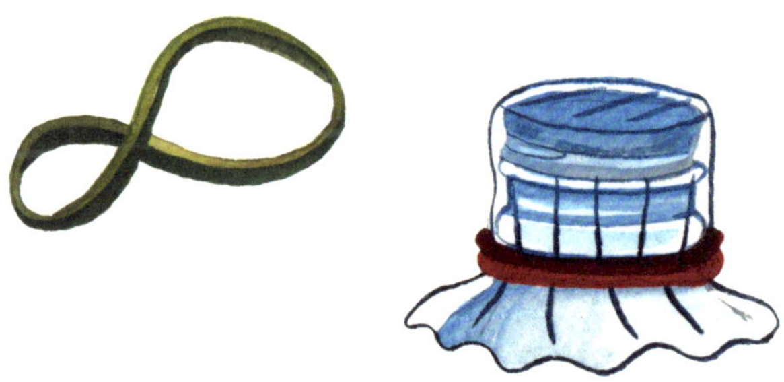

**3**

Drehe den Verschluss ab und spanne vorsichtig etwas Frischhaltefolie über die Öffnung. Spanne einen Gummi um die Frischhaltefolie, damit sie nicht verrutscht.

## 4

Steche wenige kleine Löcher in die Frischhaltefolie.

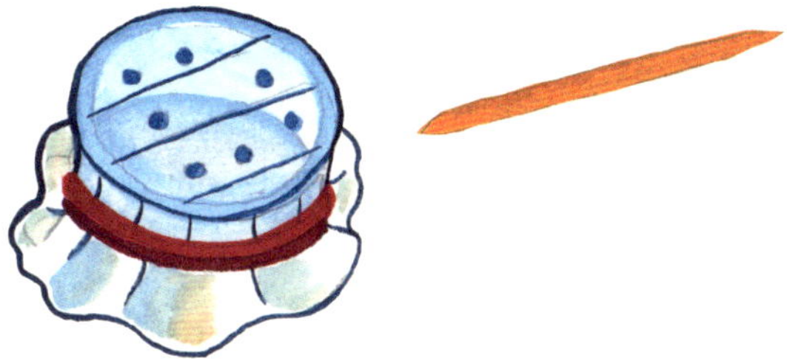

## 5

*Tipp: Setze die Flasche tief genug in die Erde, dass sie nicht umkippen kann, aber nicht zu tief, um die Wurzeln der Pflanze nicht zu verletzen.*

Stecke die Flasche mit der Verschlussseite nach unten ein Stück in die Erde neben die Pflanze, die du wässern möchtest.

## 6

Fülle die Flasche zur Hälfte mit Wasser. Das Wasser sickert nun ganz langsam durch die Löcher in den Boden und versorgt die Pflanze.

# Kompostieren

## Was ist Kompost?

Kompost ist eine nährstoffreiche Mischung aus Obst- und Gemüseabfällen und verfaulenden Pflanzenresten. Er fördert das Pflanzenwachstum – und reduziert Haushaltsmüll. Du brauchst nur einen Behälter ohne Boden (damit der Kompost auf der Erde aufliegt) oder eine geeignete Stelle für einen Komposthaufen. In welcher Jahreszeit du beginnst, ist ganz egal.

## Checkliste:

Befülle deinen Kompostbehälter immer im Wechsel mit einer grünen und einer braunen Schicht:

**Grüne Abfälle**

*hauptsächlich feuchte, stickstoffreiche Materialien*

- abgemähtes Gras
- Pflanzenschnitt
- Eierschalen
- Obst- und Gemüseschalen
- Kaffeesatz
- Teebeutel
- Brot

**Braune Abfälle**

*hauptsächlich trockene, kohlenstoffreiche Materialien*

- zerkleinerte Kartons und Zeitungen
- Sägemehl
- Stroh und Heu
- Holzspäne
- trockenes Laub

## Kompostbewohner

Wenn die Bedingungen passen, zersetzen Bakterien, Pilze, Würmer und Insekten die verfaulenden Materialien ganz von alleine und verwandeln sie mit der Zeit in bröseligen Kompost, der den Boden fruchtbarer macht.

## Lüften nicht vergessen!

Der Kompost muss alle paar Wochen mit einer Schaufel umgeschichtet werden, damit frische Luft hineinkommt. Kompost sollte feucht, aber nicht nass sein. Nach zwei bis sechs Monaten hast du schön bröseligen Kompost. Diesen kannst du auf deinen Beeten untermischen, damit deine Pflanzen so richtig aufblühen.

# Gemüse nachziehen

*Aus Gemüseabfällen oder Samen kannst du ganz leicht neues Gemüse ziehen – und nebenbei reduzierst du Abfälle und versorgt dich mit deinem eigenen Essen!*

## Knoblauch

Um eine neue Knoblauchpflanze zu ziehen, brauchst du nur eine einzige Knoblauchzehe. Lege sie in einen Behälter mit etwas Wasser und warte, bis lange grüne Triebe herauswachsen. Jetzt kannst du einen kleinen Blumentopf mit Komposterde befüllen und die Knoblauchzehe einpflanzen.

## Stangensellerie

Schneide den Strunk einer Sellerie ab und lege ihn in einen Behälter mit ein paar Zentimeter Wasser. Schon bald sprießen neue Blätter. Das klappt übrigens auch mit Kopfsalat.

## Frühlingszwiebeln

Stelle die Enden der Frühlingszwiebel in ein Glas mit etwas Wasser und warte, bis das Grün nachwächst. Wenn das Wasser trüb wird, musst du es wechseln.

## Basilikum

Setze einen Basilikumtrieb in ein mit Wasser gefülltes Glas. Suche für das Glas einen Platz mit viel Sonne. Schon bald bildet der Trieb neue Wurzeln. Wenn die Wurzeln ein paar Zentimeter lang sind, pflanze das Basilikum in einen Topf mit etwas Komposterde und beobachte die neue Basilikumpflanze beim Wachsen!

## Kürbis

Nimm aus einem Kürbis einige Kerne heraus, wasche das Fruchtfleisch von den Kernen ab und lass sie ein paar Wochen trocknen. Bewahre sie in einer Saatgut-Box oder in einem Umschlag auf – im nächsten Jahr kannst du sie im Garten oder einem großen Topf einpflanzen!

## Tomaten

Lege eine dünne Tomatenscheibe, die viele Samen hat, in einem Blumentopf auf etwas Erde. Bedecke sie mit Erde und gieße sie. Schon bald wirst du die ersten Keimlinge sprießen sehen.

# Setzlinge im Eierkarton

Wusstest Du, dass Eierkartons sich perfekt als Anzuchtbeete eignen? Probiere es doch mal aus!

## Du brauchst

- Eierkartons aus Pappe
- eine Schere
- eine kleine Gießkanne
- Komposterde
- Petersiliensamen
- Samen

**1**

Schneide vorsichtig das Oberteil der Eierkartons ab - du brauchst nur die untere Schachtelhälfte, in der vorher die Eier steckten.

**2**

Fülle Komposterde in jede Vertiefung des Eierkartons und lege jeweils fünf Petersiliensamen hinein.

3

Bedecke die Samen mit etwas Komposterde und gieße alles vorsichtig, sodass sich das Wasser gleichmäßig verteilt. Um überschüssiges Wasser aufzufangen, stelle den Eierkarton auf einen Teller.

4

Stelle den Eierkarton auf ein Fensterbrett, das viel Sonne abbekommt. Gieße dein Eierkarton-Anzuchtbeet regelmäßig, damit die Erde nicht austrocknet.

5

Schon bald werden aus deinen Samen die ersten Keimlinge wachsen! Sobald sie ein paar Zentimeter groß sind, kannst du sie in Töpfe einpflanzen.

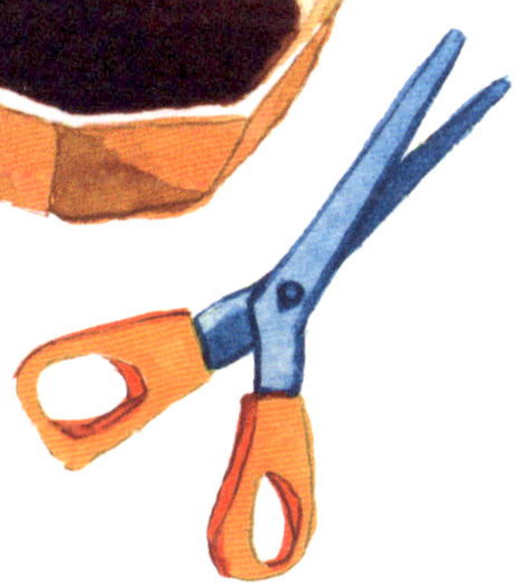

6

Zum Einpflanzen schneide einfach mit der Schere eine der Kartonvertiefungen ab und setze sie in einem neuen Blumentopf direkt in die Erde. Die Wurzeln wachsen durch die Pappe hindurch.

# Schütze deine Pflanzen

Du solltest deine Pflanzen das ganze Jahr über gut behüten, damit sie keinen Schaden nehmen. Die häufigsten Übeltäter sind Tiere und das Wetter. Hier bekommst du ein paar nützliche Tipps, wie du deine Pflanzen schützen kannst.

## Falsche Erdbeeren

Lege als Erdbeeren bemalte Steine zwischen deine Erdbeerpflanzen, um Vögel zu täuschen. Der Trick: Die Vögel versuchen die Steine anzupicken und merken sofort, dass es hier nichts zu holen gibt. Suche ein paar Steine zusammen, die ungefähr so groß sind wie eine Erdbeere und male sie an. Achte darauf, dass sie ganz trocken sind, bevor du sie in den Garten legst.

## Her mit den Schwebfliegen!

Pflanze in deinem Garten Ringelblumen und lass Gänseblümchen, Löwenzahn und Butterblumen auf deinem Rasen wachsen, denn damit lockst du Schwebfliegen an. Die Larven dieser Insekten, die so ähnlich aussehen wie Wespen, ernähren sich von Blattläusen – sehr lästigen Plagegeistern für Pflanzen.

## Maulwürfe bitte weiterziehen!

Kleine Erdhäufchen im Garten bedeuten, dass Maulwürfe am Werk sind. Diese Geschöpfe machen deine Pflanzen nicht absichtlich kaputt. Sie haben es auf Würmer abgesehen, aber sie beschädigen die Wurzeln beim Graben. Um sie fernzuhalten, kannst du in deinem Garten Kaffeesatz verstreuen – Kaffeegeruch können Maulwürfe nämlich nicht ausstehen!

## Schützende Flaschen

In Plastikflaschen sind deine jungen Keimlinge vor hungrigen Vögeln sicher. Schneide einfach den Boden der Plastikflasche ab und stelle die Flasche über die Pflanze. An warmen Tagen solltest du den Flaschenverschluss abschrauben, damit es den kleinen Pflanzen in der Flasche nicht zu warm wird.

## Kaninchendraht

Treiben sich in deinem Garten Kaninchen herum? Dann bitte einen Erwachsenen, mit dir zusammen Kaninchendraht um deine Pflanzen aufzustellen, damit sie nicht weggeknabbert werden! Zu den Lieblingsspeisen der Kaninchen gehören Kopfsalat und Karotten.

## Kuschlig warm

Im Winter kann es helfen, Pflanzen zum Schutz vor Kälte und hungrigen Tieren abzudecken. Dafür kannst du einfach Reisig verwenden und schon sind deine Pflanzen für den Frost gewappnet.

# Kartoffeln im Sack heranziehen

Wenn du keinen Garten hast, aber trotzdem eigene Kartoffeln anpflanzen möchtest, versuche es doch einfach mit einem Kartoffelsack!

## Du brauchst

Kartoffelsack

Saatkartoffeln

Komposterde

1

*Lass deine Kartoffeln ab Ende Januar auskeimen und pflanze sie im März oder April in die Erde.*

Lass zuerst deine Saatkartoffeln „vortreiben“, also auskeimen. Dafür lagerst du sie ungefähr einen Monat lang an einem kühlen und trockenen Ort, bis Keime wachsen.

2

Wenn deine Kartoffeln bereit zum Einpflanzen sind, fülle deinen Kartoffelsack zur Hälfte mit Komposterde.

3

Setze bis zu drei Saatkartoffeln mit der gekeimten Seite nach oben in den Sack und bedecke sie dick mit weiterer Erde.

4

Stelle deinen Kartoffelsack an einen Ort, der Sonne abbekommt, und gieße die Kartoffeln.

## 5

Schaue regelmäßig nach deinen Kartoffelpflanzen und achte darauf, dass die Erde immer schön feucht bleibt. Nach einer Weile bringt die Pflanze hübsche weiße Blüten hervor!

*Tipp: Sogenannte Frühkartoffeln sind im Juni oder Juli erntereif, mittelfrühreife Kartoffelsorten im Juli und August, und mittelfrüh-späte in der Zeit zwischen August und November.*

## 6

Erntereif sind deine Kartoffeln, wenn die Blüten abgestorben und die Blätter gelbbraun geworden sind. Um an deine Kartoffeln heranzukommen, brauchst du nur die Pflanzen aus der Erde ziehen!

# Dein Natur-Mandala

## Du brauchst

einen Korb für deine Naturfundstücke

eine ebene Fläche, auf der du dein Mandala legen kannst

Blätter, Zapfen und mehr

Ein Natur-Mandala ist ein Kunstwerk aus Kastanien, Zapfen, Samenschoten, Stöckchen, Blättern, Steinen, Federn, Eicheln, Blumen und anderen Dingen – außerdem ist es eine tolle Möglichkeit, die Natur zu erforschen und zu staunen.

**1**

Gehe mit einem Erwachsenen los und suche im Wald, im Park oder in eurem Garten nach allen möglichen Naturfundstücken, die du für dein Mandala verwenden könntest. Sammle genügend ein, um Muster legen zu können.

**2**

Sortiere deine Fundstücke zu Häufchen und überlege dir, wie dein Mandala aussehen soll.

**3**

Entscheide, was in der Mitte deines Mandalas liegen soll - wie wäre es mit einer großen Blüte oder einem auffälligen Stein?

**4** Lege deine Fundstücke in symmetrischen Kreisen rund um die Mitte des Mandalas. Wie viele Kreise du legst, kannst du entscheiden.

*Ein Mandala besteht aus symmetrischen, ineinander liegenden Kreisen.*

**5**

Wenn du fertig bist, tritt ein paar Schritte zurück und bewundere dein Kunstwerk. Toll gemacht! Mach doch noch eine Zeichnung oder ein Foto davon!

# Einen Naturpfad anlegen

## Du brauchst

- Eimer oder Beutel zum Sammeln der Materialien
- Freundinnen und Freunde zum Mitmachen
- Gegenstände aus der Natur wie Stöcke, Steine, Blätter oder Zapfen

Frage deine Eltern, ob du in einer Ecke eures Gartens einen Pfad anlegen darfst. Du kannst dir auch eine Stelle im Wald, auf einer Wiese oder an einem Strand ausgucken.

**1** Zuerst heißt es: Sammeln, sammeln, sammeln! Suche Stöckchen, Steine, Zapfen, Eicheln, Kastanien und alles, was dir sonst noch als Wegbegrenzung dienen kann. Hebe nur Dinge auf, die schon auf dem Boden liegen, wir wollen nichts von Bäumen oder Pflanzen abreißen.

**2** Lege den Startpunkt für deinen Pfad fest und überlege dir, wie er verlaufen und wo er enden soll. Du kannst auch Hinweise für eine Schnitzeljagd und einen kleinen Schatz verstecken.

**3** Ergänze Wegzeichen: Stöckchen können zu Pfeilen werden, um die Richtung zu weisen. Oder du überlegst dir mit deinen Freunden eigene Markierungen. Drei Steine aufeinander gestellt könnten bedeuten: Hier geradeaus gehen!

*Sicher ist sicher: Sage deinen Eltern immer Bescheid, wo du hingehst und wann du zurückkommst.*

**4** Wenn alles fertig ist, eröffne deinen Pfad. Jeder darf mal entlang laufen!

# Der Garten als Lebensraum

Jeder Garten ist sein ganz eigenes Ökosystem – je nach Landschaftsform, Klima sowie der Flora und Fauna, die dort lebt. Jede noch so kleine Veränderung kann sich auf dieses Ökosystem auswirken.

## Wetter und Klima

Wenn du einen Garten planst und pflegst, ist es klug, einige Dinge über das Wetter zu wissen. Denn Temperatur, Wind und Regen beeinflussen, wie gut die Pflanzen gedeihen. Das Wetter kannst du erforschen, indem du über einen längeren Zeitraum die Regenmenge misst, die Bahn des Sonnenlichts verfolgst und die Temperaturen notierst.

## Ein Geben und Nehmen

Gartenpflanzen und Insekten brauchen sich gegenseitig, damit sie wachsen und überleben. Motten- und Schmetterlingslarven knabbern an Blättern, Bienen und Schmetterlinge schlürfen Nektar aus den Blüten. Als Gegenleistung bestäuben manche Insekten die Pflanzen, indem sie Pollen von Blüte zu Blüte transportieren. So sorgen sie dafür, dass neue Pflanzen gesät werden.

## Vogelpracht

Einen gesunden Garten erkennst du unter anderem daran, dass er viele verschiedene Vogelarten anlockt, denn das bedeutet, dass es für sie dort viel Futter gibt. Gartenvögel verspeisen Schädlinge, die Pflanzen schwächen, wie beispielsweise Blattläuse. Sie sind also natürliche Insektenbekämpfer. Außerdem ist es super spannend, sie zu beobachten!

## Bezaubernde Wildblumen

Wenn du heimische Wildblumen aussäst, stärkst du das Ökosystem in deinem Garten. Denn Pflanzen, die hier zu Hause sind, brauchen keine giftigen Düngemittel oder Pestizide. Wildblumen locken außerdem viele wichtige Bestäuber an und sind schön anzuschauen.

# Glossar

**Bestäuber**
Insekten oder Vögel, die Pflanzen bei der Fortpflanzung helfen, indem sie von Blüte zu Blüte fliegen und dabei Blütenstaub weiter transportieren.

**Bestäubung**
Der Vorgang, bei dem Blütenstaub – auch Pollen genannt – vom männlichen Teil einer Pflanze auf den weiblichen Teil einer Pflanze der gleichen Art gelangt.

**Bohnenschote**
Eine Fruchthülse, in der die Samen der Bohnenpflanze heranreifen.

**Dünger**
Natürliche oder künstlich hergestellte Mittel, die Pflanzen schneller wachsen lassen.

**Fauna und Flora**
Die gesamte Tier- und Pflanzenwelt in einem natürlichen Lebensraum.

**Klima**
Alle Wetterereignisse zusammengenommen, die über einen längeren Zeitraum in einem bestimmten Gebiet stattfinden.

**Kompost**
Nährstoffreiches, krümeliges Gemisch aus verrottenden Pflanzen und anderen Gartenabfällen, das man zum Verbessern der Bodenqualität benutzt.

**Larven**
Wurmähnlicher Nachwuchs eines Insekts oder anderen Tieres, zum Beispiel die Raupen von Schmetterlingen.

**Lebensraum**
Das natürliche Zuhause von Tieren oder Pflanzen.

**Ökosystem**
Ein natürlicher Lebensraum, in dem Tiere, Pflanzen und Insekten zusammenleben und sich gegenseitig beeinflussen. Ein Garten oder ein Teich kann schon ein kleines Ökosystem sein; ein sehr großes Ökosystem ist etwa der tropische Regenwald.

**Pestizid**
Chemikalie zum Beseitigen oder Fernhalten von Insekten, die im Garten als „Schädlinge“ betrachtet werden.

**Saatkartoffel**
Kartoffel, die nicht zum Essen bestimmt ist, sondern eingepflanzt wird, damit neue Kartoffelpflanzen daraus entstehen.

**Samen**
Der Teil einer Pflanze, aus dem sich eine neue Pflanze entwickeln kann. Die meisten Samen sind sehr klein.

**Setzling**
Eine junge Pflanze, die aus einem Samen entstanden ist und die richtige Größe zum Einpflanzen hat.

**Art**
Eine bestimmte Gruppe von Pflanzen, Tieren oder Insekten mit den exakt gleichen Merkmalen, die sich untereinander fortpflanzen.

**Spross**
Neuer, meist oberirdischer Trieb einer Pflanze.

**Wetter**
Das Zusammenspiel von Sonne, Wolken, Wind und Regen an einem bestimmten Ort zu einer bestimmten Zeit. Das Wetter kann sonnig, windig, stürmisch oder auch regnerisch sein.